Mark Möst

Die Zeit als Begriff der Erzähltextanalyse

GRIN Verlag

Bibliografische Information der Deutschen Nationalbibliothek:

Die Deutsche Bibliothek verzeichnet diese Publikation in der Deutschen National-bibliografie; detaillierte bibliografische Daten sind im Internet über http://dnb.d-nb.de/ abrufbar.

Impressum:

Copyright © 2002 GRIN Verlag, Open Publishing GmbH
Druck und Bindung: Books on Demand GmbH, Norderstedt Germany
ISBN: 978-3-640-80663-8

Dieses Buch bei GRIN:

http://www.grin.com/de/e-book/164036/die-zeit-als-begriff-der-erzaehltextanalyse

GRIN - Your knowledge has value

Der GRIN Verlag publiziert seit 1998 wissenschaftliche Arbeiten von Studenten, Hochschullehrern und anderen Akademikern als eBook und gedrucktes Buch. Die Verlagswebsite www.grin.com ist die ideale Plattform zur Veröffentlichung von Hausarbeiten, Abschlussarbeiten, wissenschaftlichen Aufsätzen, Dissertationen und Fachbüchern.

Besuchen Sie uns im Internet:

http://www.grin.com/

http://www.facebook.com/grincom

http://www.twitter.com/grin_com

Romanisches Seminar der Universität Heidelberg
Sommersemester 2002
Proseminar: Einführung in die Romananalyse: Alexandre Dumas Fils, La dame aux camélias

Die Zeit als Begriff

der Erzähltextanalyse

Ausformulierte Fassung eines Referates von

Mark Möst

Gliederung

1. Geschichte vs. Fabel

Bei der Analyse der Zeitstruktur narrativer Texte sind generell zwei unterschiedliche Dimensionen zu berücksichtigen[1]: Zum einen lassen sich die Ereignisse eines Romans auf einer natürlichen Zeitachse der Sukzessivität anordnen, sie geschehen in einer bestimmten chronologischen Reihenfolge, entweder nacheinander (sukzessiv) oder gleichzeitig (simultan). Davon abzugrenzen ist die Anordnung, die der Autor gewählt hat und die sich auf einer narrativen Achse auftragen läßt; hier ist die Ordnung normalerweise sukzessiv, Simultaneität läßt nur schwer darstellen. Um diesen beiden Dimensionen gerecht zu werden, ist eine Unterscheidung zwischen Geschichte (histoire), dem Handlungsschema entsprechend der chronologischen Ordnung im Handlungsablauf, und Fabel (discours), dem Handlungsablauf im Vorgang des Erzählens, zweckmäßig; die Fabel kann sich nun mit der Geschichte decken oder von ihr abweichen, indem sie die chronologische Ordnung durch Rückwendungen oder andere Formen der Verknüpfung (thematisch, kausal usw.) durchbricht; aus ihr lässt sich die Geschichte rekonstruieren.

2. Die Ordnung narrativer Aussagen

2.1 Anfang und Ende

Allen Erzählungen ist gemeinsam, daß sie einen Anfang und ein Ende besitzen; dazwischen kann der Autor die Ereignisse in einer beliebigen Reihenfolge anordnen. Bei Anfängen lassen sich schematisch folgende Fälle unterscheiden[2]:

Beginn ab ovo: Die Erzählung erfolgt von Anfang an, schrittweise wird die Geschichte entfaltet. Ein typisches Beispiel ist der Märchenanfang: „Es war einmal ...".

Beim Beginn in medias res wird ein Zeitpunkt mitten im Geschehen als Ausgangspunkt gewählt:

> ‚Weißt du, Grete, wir haben ein Nest in unserem Garten, und ganz niedrig, und zwei Junge drin.' ‚Das wäre! Wo denn? Ist es ein Fink oder eine Nachtigall?' ‚Ich sag es nicht. Du mußt es raten.' Diese Worte waren an einem überwachsenen Zaun [...] gesprochen worden.[3]

Gleichzeitig hat Fontane hier eine szenische Darstellung gewählt; bei der vorliegenden Erzählform spricht man von zeitdeckendem (isochronischem) Erzählen.

Möglich ist außerdem ein Beginn in ultimas res: Der Autor beginnt seine Erzählung mit dem Ende einer Geschichte, was klassischerweise in einem Detektivroman oder einem Krimi der Fall ist; die Entwicklung hin zu diesem Ende wird im Verlauf der Geschichte schrittweise dargestellt. Als Beispiel für diese Art des Beginns kann „Crónica de una muerte anunciada" (1981) von García Márquez dienen: Bereits nach wenigen Seiten stirbt der Held, was angesichts des Titels nicht völlig unerwartet kommt. Der Rest von „Crónica de una muerte anunciada" beschäftigt sich nun mit den Voraussetzungen und Umständen seines Todes und beleuchtet diesen aus zahlreichen Perspektiven, weshalb es sich bei „Crónica de una muerte anunicada" um eine analytische Erzählung handelt.

Durch ein Vorwort kann eine Hinführung auf die Geschichte geleistet werden; in Form einer Widmung, einer Einführung oder einer einer Rahmenerzählung wird eine ausdrückliche Einführung geboten.

Ebenso lassen sich bei den Schlüssen narrativer Texte mehrere Fälle unterscheiden[4]:

Die Literaturtheorie kennt zunächst ein geschlossenes Ende mit bestimmten Schlußsituationen wie Tod oder „happy ending". In Steinbecks „Of Mice and Men" verdingen sich zwei Männer in den 1930er Jahren als Landarbeiter, der Roman endet mit dem Tod eines der beiden Protagonisten.

Je nach Erwartungshaltung lässt sich unterscheiden zwischen einem erwarteten Ende und einem überraschenden Ende. Beim erwarteten Ende wird den Lesererwartungen entsprochen, indem sich die Spannung auflöst, ein Gefühl der Stabilität suggeriert wird.

Dem gegenüber steht ein überraschendes Ende: Den Lesererwartungen wird nicht entsprochen, die Geschichte bricht an einer bestimmten Stelle ohne erkennbares Ende ab, oder es ergeben sich unvorhersehbare schicksalhafte Wendungen.

Möglich ist schließlich ein offenes Ende: Damit einhergehen können z.B. Rätselhaftigkeit, ungelöste Konflikte oder eine Zirkelstruktur des betreffenden Werkes. Nehmen wir als Beispiel das Ende von Sartres „Huis clos":

> INÈS
> [...] Et nous sommes ensemble pour toujours. *Elle rit.*
> ESTELLE, *éclatant de rire.*
> Pour toujours, mon Dieu que c'est drôle! Pour toujours!
> GARCIN, *en les regardant toutes deux.*
> Pour toujours !
> [...]
> Eh bien, continuons.
> RIDEAU[5]

Das letzte Wort von „Huis clos" vor dem Fallen des Vorhangs ist ein eindrückliches Signal für ein offenes Ende In einem Roman von Ingeborg Drewitz, „Gestern war heute", werden mehrere Schlüsse alternativ nebeneinandergestellt, das Leben der Romanfiguren geht weiter, gewissermaßen über den Roman hinaus.

2.2 *Anordnung narrativer Aussagen*

Die Anordnung der Ereignisse im Erzählvorgang[6] kann der Sukzession auf der natürlichen Zeitachse entsprechen, man spricht dann von chronologischem Erzählen; Abweichungen hiervon werden als anachronisches Erzählen bezeichnet. Neben der Strukturierung des Erzählablaufes nach der Größe „Zeit" sind ebenso logische Verknüpfungen (Gegensätze, Parallelen, Ursache-Wirkung-Prinzip usw.) sowie zufällige Fügungen denkbar, die weder einer chronologischen noch einer logischen Anordnung entsprechen. Ein Sonderfall des anachronischen Erzählens besteht dann, wenn sich Ereignisse nicht in eine zeitliche Reihenfolge bringen lassen wie z.B. bei Erzählerkommentaren oder Exkursen (achronisches Erzählen).

2.2.1 *Besondere Formen des anachronischen Erzählens*

Hierbei ist zu unterscheiden zwischen Rückwendungen und Vorauswendungen; bei der Rückwendung (Analepse, flashback) kommt es zur Schilderung von Ereignissen, die dem jeweiligen Jetzt eigentlich vorausgehen; im Gegensatz zur Vorzeithandlung bleibt die Erzählgegenwart als Orientierungspunkt immer (mehr oder weniger deutlich) erhalten. Man unterscheidet folgende Formen von Rückwendungen[7]:

Bei der aufbauenden Rückwendung zu Beginn eines Romans werden im Anschluss an die Schilderung eines Ereignisses im folgenden Erzählschritt Ereignisse genannt, die diesem vorausgehen:

> Er stand vor dem Tor des Tegeler Gefängnisses und war frei. Gestern hatte er noch hinten auf den Äckern Kartoffeln geharkt mit den anderen, in Sträflingskleidung, jetzt ging er im gelben Sommermantel, sie harkten hinten, er war frei.[8]

Im Falle der auflösenden Rückwendung am Ende eines Romans werden noch nicht gegebene Informationen nachträglich ergänzt.

Weiterhin lassen sich folgende Formen von Rückwendungen unterscheiden[9]:

Beim Rückschritt wird der Erzählfluss stark gebremst. Die Ereignisse des Rückschritts bilden eine eigene Geschehniskette, sind Nachtrag, Ergänzung zur Gegenwart oder aber eine Abschweifung zur bloßen Ausschmückung. Als Beispiel diene Voltaires Candide: Am Ende des 4. Kapitels trifft Candide seinen alten Lehrer wieder und erfährt von ihm, was sich abgespielt hat, seit er am Ende des 1. Kapitels aus einem westfälischen Schloß verjagt worden ist.

Beim Rückgriff wird der Erzählfluss dagegen kaum merklich gebremst, nur Einzelnes wird der Erzählgegenwart aus der Vergangenheit heraus beigefügt; eine eigene Ereigniskette liegt beim Rückgriff dagegen nicht vor.

Als Rückblick schließlich wird eine Form der Rückwendung bezeichnet, bei der der Autor Wirkungen aus der Vergangenheit an einer markanten Stelle der Erzählung einfügt; ein Rückblick liegt dann vor, wenn in einem starken Reflexionsprozess bei geraffter Darstellung vergangene Ereignisse in das Jetzt übertragen werden, wie dies z.B. bei einer Lebensüberschau der Fall ist.

Bei den Vorauswendungen (Prolepse, foreshadowing) lassen sich – je nach Verlässlichkeit – zukunftsgewisse und zukunftsungewisse Vorauswendungen unterscheiden, wobei erstere naturgemäß einen allwissenden Erzähler voraussetzen, letztere aus der Sicht und mit der Zuverlässigkeit einer Figur heraus geschehen; Vorauswendungen, entweder einführend in Titel, Vorwort oder am Beginn der Erzählung, als abschließende Vorauswendung oder an einer beliebigen Stelle im Erzählablauf integriert, sind normalerweise auf die Auflösung des Erzählten ausgerichtet. Dazu einige Beispiele:

In der Dido-Handlung des 4. Buches von Vergils Aeneis deutet der Erzähler bereits zu einem sehr frühen Zeitpunkt auf das tragische Ende der Beziehung zwischen Aeneas und Dido hin:

> Uritur infelix Dido, totaque uagatur
> urbe furens ...[10]

> Es brennt die unglückliche Dido [sc. vor Liebe zu Aeneas], und sie streift
> rasend durch die ganze Stadt ... (Übersetzung: M. Möst)

Zweitens eine Stelle aus „The Prime of Miss Jean Brody" von Muriel Sparks: Mary sitzt in einer Schulklasse und wird von ihrer Lehrerin kritisiert, weil sie nicht aufgepasst hat:

> „Mary, are you listening?' Mary Macgregor [...] who was later famous for being stupid
> [...] and who, at the age of twenty-three, lost her life in a hotel fire [...].[11]

Abschließend Bierce, „An Ocurrence at Owl Creek Bridge" (1891): Ein Mann steht zur Hinrichtung auf einer Brücke und wird von Soldaten hinabgestoßen; der Strick scheint zu reißen, die Geschichte erzählt im folgenden von seiner Flucht bis zu seinem Haus und seiner Frau; erst im letzten Satz wird deutlich, daß diese Szene die Gedanken des Mannes in der kurzen Zeitspanne zwischen Sturz und Tod darstellte:

> [He] was dead; his body, with a broken neck, swung gently from side to side beneath the
> timbers of the Owl Creek Bridge.[12]

In dieser Kurzgeschichte liegt eine zukunftsungewisse, nicht auflösende Prolepse vor.

3. Die Geschwindigkeit

Die beiden Grundgrößen bei der Analyse der Geschwindigkeit des Erzählens (dem Erzähltempo) sind die Erzählzeit (temps de la narration) und die erzählte Zeit (temps de la fiction)[13]. Die Erzählzeit ist die Zeit, die notwendig ist, ein bestimmtes Geschehen zu erzählen bzw. zu lesen (temps de la lecture); als Anhaltspunkt kann die Anzahl der bedruckten Seiten bzw. Zeilen dienen, die Größe als Verhältnis. Sie ist eine textexterne Größe. Die erzählte Zeit bezeichnet die Dauer eines Ereignisses in der fiktionalen Welt und ist somit eine textimmanente Größe. Nach dem Verhältnis dieser beiden Größen – fünf Minuten erzählter Zeit können entweder drei Zeilen oder oder vier Seiten im Text beanspruchen – lassen sich verschiedene Formen des Erzählens unterscheiden (die erzählte Zeit ist mit F = fiction, die Erzählzeit mit N = narration bezeichnet)[14]:

Im Falle der Raffung (résumé; N<F) nimmt die Geschwindigkeit der Erzählung zu, die Ereignisse werden stark zusammengefaßt dargestellt.

Arbeitet der Autor mit einer Ellipse, so bedeutet dies, dass er Ereignisse auslässt bzw. übergeht. Beispielsweise wird bei Heinrich von Kleist die Vergewaltigung der Marquise von O. nur durch einen Gedankenstrich repräsentiert und nicht weiter dargestellt[15].

Stimmen Erzählzeit und erzählte Zeit stimmen genau überein (N=F), so spricht man von Zeitdeckung. Dies ist in der direkten Rede bei der szenischen Darstellung der Fall, wie bereits am Textbeispiel aus „Grete Minde" erwähnt wurde.

Zeitdehnung (N>F) liegt dann vor, wenn die Erzählzeit länger ist als die erzählte Zeit. Bei dieser Form des Erzählens werden kurz dauernde Ereignisse minutiös geschildert, wie in der weiter oben erwähnten Kurzgeschichte von Bierce.

Schließlich ist noch die Pause (F=0) zu berücksichtigen: In Erzählformen wie Reflexion und Erzählerkommentar wird der Erzählfluß unterbrochen, die erzählte Zeit bleibt stehen. Zu beachten ist hierbei: Handelt es sich um Reflexionen einer intradiegetischen Figur, so läuft die erzählte Zeit weiter!

Auch mit bestimmten grammatikalischen Mitteln läßt sich das Erzähltempo steigern; Wiederholungen von Handlungen lassen sich mit Hilfe iterativer Partikel darstellen („er fuhr jeden Mittwoch mit der U-Bahn"), die lange Dauer von Handlungen mit Hilfe durativer Verben oder Adverbien veranschaulichen („ich wartete drei Stunden"). Das Französische bietet überdies in der Vergangenheit die Möglichkeit, wiederholte Handlungen durch ein eigenes Tempus, das Imparfait, darzustellen: „Le dimanche, il visitait sa mère" (iterative Raffung; s.u.).

4. Die Häufigkeit

Hier läßt sich, ähnlich wie bei der Analyse des Verhältnisses von Erzählzeit und erzählter Zeit, das Verhältnis der Häufigkeit von Ereignis (E) und narrativer Aussage (A) analysieren[16]:

Von repetitiver Erzählung (E<A) spricht man, wenn ein einmaliges Ereignis der Geschichte mehrmals erzählt wird. Eine extreme Form hiervon liegt in Raymond Queneaus „Exercices de style" (1947) vor: In einem gut gefüllten Autobus fährt ein junger Mann mit Hut; er beschimpft einen älteren Herren und setzt sich anschließend auf einen freigewordenen Platz; zwei Stunden später trifft er den Mann an anderer Stelle wieder. Diese Handlung erzählt Queneau im Laufe seiner „Stilübungen" in nicht weniger als 99 Variationen.

Es besteht natürlich auch die Möglichkeit, dass ein einmaliges Ereignis der Geschichte einmal erzählt wird (E=A).

Das Prinzip der Ökonomie kommt schließlich im letzten Fall zum Tragen, wo die Häufigkeit einer narrativen Aussage kleiner ist als die des erzählten Ereignisses (also E>A); das heißt, dass ein mehrmaliges Ereignis nur einmal erzählt wird. In diesem Fall lässt sich in Anlehnung an einen Terminus aus der Analyse des Erzähltempos auch von iterativ-durativer Raffung sprechen[17].

5. Literaturverzeichnis

- Goldenstein, Jean-Pierre: *Lire le roman.* Bruxelles 1999
- Lämmert, Eberhard: *Bauformen des Erzählens.* 8. Auflage Stuttgart 1993
- Ludwig, Hans-Werner (Hrsg.): *Arbeitsbuch Romananalyse.* Tübingen 1982
- Martinez, Matias / Scheffel, Michael: *Einführung in die Erzähltheorie.* 3. Auflage München 2002

Die zitierten Passagen aus der erzählenden Literatur sind aus Martinez/Scheffel (2002) entnommen oder entstammen den folgenden Quellen:

- Sartre, Jean-Paul: *Huis clos* suivi de *Les mouches.* Paris 1947
- P. Vergilius Maro: *P. Vergili Maronis opera.* rec. R.A.B. Mynors. Oxford 1969

[1] vgl. Martinez/Scheffel (2002), S. 25f.

[2] vgl. Martinez/Scheffel (2002), S. 32ff.

[3] Fontane, Theodor: *Grete Minde*. München 1962. S. 7. Zitiert nach Martinez/Scheffel (2002), S. 40

[4] vgl. Martinez/Scheffel (2002)

[5] Sartre, Jean-Paul : *Huis clos*, Paris 1947, S. 67

[6] vgl. Martinez/Scheffel (2002), S. 32ff.

[7] vgl. Lämmert (1993), S. 104ff.

[8] Döblin, Alfred: *Berlin Alexanderplatz*. Olten/Freiburg 1961. S. 13. Zitiert nach Martinez/Scheffel (2002), S. 33

[9] vgl. Lämmert (1993), S. 112ff.

[10] P. Vergilius Maro: *Aeneis*. Oxford 1969. Buch IV, v. 68. Die Formulierung „infelix Dido" findet sich nochmals in v. 596

[11] Spark, Muriel: *The Prime of Miss Jean Brodie*. London 1993. S. 18. Zitiert nach Martinez/Scheffel (2002), S. 33

[12] Bierce, Ambrose: *An Occurrence at Owl Creek Bridge*. New York 1946. S. 18. Zitiert nach Martinez/Scheffel (2002), S. 38

[13] vgl. Goldenstein (1999), S. 125ff.

[14] vgl. Goldenstein (1999), S. 134ff.; deutsche Bezeichnungen nach Ludwig (1982), S. 167

[15] vgl. Scheffel/Martinez (2002), S. 43

[16] vgl. Martinez/Scheffel (2002), S. 45ff.

[17] vgl. Lämmert (1993), S. 84